Berit Bach

Die schönsten Pferdegeschichten

mit Lotta und Knuffel

Mit Illustrationen von Dorothea Tust

arsEdition

Die Deutsche Bibliothek verzeichnet diese Publikation
in der Deutschen Nationalbibliografie;
detaillierte bibliografische Daten sind im Internet über
http://dnb.ddb.de abrufbar.

© 2017 arsEdition GmbH, München
Alle Rechte vorbehalten
Text: Berit Bach
Titelbild und Innenillustrationen: Dorothea Tust

ISBN 978-3-8458-2146-7

www.arsedition.de

Inhalt

Ein Herz für Knuffel

Eine schlimme Entdeckung 10

Wo ist Knuffel? 19

Ende gut, alles gut 29

Ein Pony für Lotta

Knuffel steckt voller Überraschungen 46

Was wird aus Knuffel? 56

Lottas schönster Geburtstag 68

Lotta geht zur Reitstunde

Darf Lotta Knuffel reiten? 82

So ein Frechdachs! 92

Ein tolles Team! 103

Abenteuer mit Knuffel

Endlich ausreiten! 118

Das höchste Glück der Pferde 126

Knuffel, der Retter! 136

Eine schlimme Entdeckung

„Frau Bauer, schnell!
Sie müssen mitkommen, schnell!"
Mit rotem Kopf stürzt Lotta
in die kleine Küche.
des Tierheims „Grüne Heide".

Frau Bauer ist die Leiterin
des Tierheims.
Sie sitzt am Tisch
und schreibt gerade „Hundefutter"
auf ihre Einkaufsliste.

„Hallo, Lotta", sagt sie überrascht.
„Wolltest du nicht erst
heute Nachmittag kommen?"

„Ja, schon", antwortet Lotta atemlos
und zieht Frau Bauer
von ihrem Stuhl hoch.

„Ich komme ja!", lacht Frau Bauer.
„Aber sag mir doch bitte erst einmal,
was passiert ist."

Frau Bauer sieht Lotta neugierig an.
Sie mag das Mädchen
mit den lustigen blauen Augen sehr.
Seit fast einem Jahr hilft Lotta
mehrmals in der Woche
im Tierheim mit.
Sie geht mit den Hunden spazieren,
spielt mit den Katzen
und mistet den Eselstall aus.

Es kommen oft Kinder vorbei,
die sich um die Tiere
kümmern wollen.
Aber viele verlieren doch
schnell wieder die Lust.

Bei Lotta ist das nicht so.
Nach ihren Hausaufgaben
kann sie es jedes Mal kaum
erwarten, zum Tierheim zu radeln.

„In der Stadt ist doch der Zirkus ...",
beginnt Lotta und holt tief Luft.
Sie ist immer noch
ganz aus der Puste.
„Am Wochenende war ich
mit meinen Eltern dort.
Und gerade bin ich mit dem Fahrrad
am Zirkusplatz vorbeigefahren.
Da wurde das süße Pony
in den Lastwagen vom Metzger
geführt! Der Knuffel,
der so tolle Kunststücke kann!"
Lotta schluckt.

„Bist du sicher, dass es
ein Lastwagen vom Metzger war?",
fragt Frau Bauer.

„Aber klar! Ich kann doch
jetzt schon lesen!",
ruft Lotta entrüstet.

„Ach, natürlich", sagt Frau Bauer
lächelnd. „Entschuldige bitte."

„Auf dem Knuffel durfte ich
nach der Vorstellung
sogar ein paar Runden reiten",
fährt Lotta fort,
„weil ich bei einer Verlosung
gewonnen habe."

Sie stockt und sieht Frau Bauer
mit großen Augen an.
„Knuffel darf nicht
geschlachtet werden!
Sie müssen ihn
ins Tierheim holen. Bitte!"

„Das hört sich wirklich nicht gut an."
Frau Bauer macht
ein ernstes Gesicht.
„Da fahren wir sofort hin."

„Danke!" Lotta dreht sich um
und will schon zur Tür rennen.

Aber Frau Bauer hält sie
am Arm zurück.
„Bevor wir fahren,
rufst du bitte noch deine Eltern an."
Sie gibt Lotta ihr Handy.
„Die müssen schließlich wissen,
wo du die ganze Zeit bist.
Und ein paar Äpfel für Knuffel
nehmen wir auch noch mit."

Wo ist Knuffel?

Als Frau Bauer und Lotta
am Zirkusplatz ankommen,
ist das rot-blau gestreifte Zelt
schon abgebaut.
Suchend sieht sich Lotta um.
Auf der Wiese
stehen nur noch drei Wohnwagen
und ein Tiertransporter.

„Wir sind zu spät!",
ruft Lotta enttäuscht.
„Knuffel ist schon weg!"

„Nicht gleich aufgeben",
tröstet Frau Bauer sie.
„Wir fragen erst einmal."

Sie gehen zu einem großen Mann,
der bei einem Wohnwagen
Kisten aufeinanderstapelt.

„Guten Tag", sagt Frau Bauer
freundlich.
„Haben Sie gerade
ein Pony verkauft?"

Der Mann kneift die Augen
zusammen und nickt.
„Das dumme Vieh hat sich gestern
auf der Weide am Bein verletzt",
knurrt er.
„So etwas können wir
hier nicht brauchen."

„War denn der Tierarzt da?",
fragt Frau Bauer weiter.

„Klar. Aber der war sich nicht sicher,
ob das noch heilt."

Dann sieht der Mann Lotta an
und stutzt.
„Bist du nicht am Sonntag
auf dem Pony geritten?"

Lotta nickt.
„Ja, und der Knuffel war total lieb."

„Tja, schade", seufzt der Mann
und zuckt mit den Schultern.
„Knuffel war wirklich
ein kluges Pony.
Der hat ganz schön schnell gelernt.

Aber wenn er nicht mehr richtig
laufen und springen kann?
Was sollen wir mit ihm?"

„Sie hätten ihn ins Tierheim
bringen können!", ruft Lotta wütend.

„Tierheim? Pah! Beim Metzger
bekomme ich wenigstens
gutes Geld!"
Der Mann lacht laut
und hebt die nächste Kiste auf.

„Sie sind so gemein!"
Lottas Augen funkeln vor Zorn.
Aber es kullern auch
ein paar Tränen heraus.

„Welcher Schlachter war es denn?",
fragt Frau Bauer schnell.

„Der, der hier in der Stadt ist.
Huber heißt er, glaube ich",
sagt der Mann und trägt die Kiste
in den Wohnwagen.

„Danke", ruft Frau Bauer
ihm hinterher. Dann läuft sie
mit der schniefenden Lotta
an der Hand zum Auto zurück.

„Herr Huber ist ein netter Mensch",
sagt Frau Bauer, als sie
von der Zirkuswiese fahren.
„Von ihm habe ich bereits
einige Tiere gekauft."

„Aber wenn er den Knuffel schon …"
Lotta kann nicht weiterreden.
Jetzt muss sie richtig weinen.

Ende gut, alles gut

Kurze Zeit später biegen sie
in den Hof der Schlachterei ein.
„Da ist Knuffel ja!"
Aufgeregt deutet Lotta
auf das kleine dunkelgraue Pony.
Herr Huber führt es gerade
aus dem Transporter.
Das Pony humpelt.
Der Metzger geht ganz langsam,
damit es ihm folgen kann.

Lotta springt aus dem Auto.
Wie der Blitz saust sie
auf Knuffel zu
und umarmt ihn stürmisch.
Knuffel wiehert fröhlich
und Lotta gibt ihm einen Apfel.

Herr Huber sieht Lotta verdutzt zu.
„Können Sie Gedanken lesen?",
fragt er, als Frau Bauer
aus dem Auto steigt.
„Ich wollte Sie gerade
im Tierheim anrufen."

Herr Huber zeigt auf Knuffel.
„Den kleinen Burschen hier
habe ich vom Zirkus geholt.
Aber für die Wurst ist der nette Kerl
doch viel zu schade.

Und das verletzte Bein
soll sich ein guter Tierarzt
nochmals ansehen.
Da kann man bestimmt
noch etwas machen."

„Ganz richtig, Herr Huber.
Lotta und ich sind wegen
des Ponys hier", sagt Frau Bauer.
„Kann ich es
zu dem gleichen Preis haben,
den ich für Mecki bezahlt habe?"

„Mecki?", fragt Herr Huber.

„Ja, Mecki. Das ist der Esel,
den ich vor einigen Wochen
hier gekauft habe."

„Ach ja, der Esel …
den hatte ich schon ganz vergessen.
Schön, dass er es nun so gut hat."

Der Metzger krault Knuffel
nachdenklich hinter den Ohren.

„Bitte!", sagt Lotta
und sieht Herrn Huber
mit flehendem Blick an.

„Nun ja …", fängt Herr Huber an
und schmunzelt,
„ich habe zwar viel mehr
für Knuffel bezahlt.
Aber … da kann man ja
gar nicht Nein sagen.
Einverstanden."

Er gibt Frau Bauer die Hand
und zwinkert Lotta zu.

„Toll! Danke! Das ist so toll!",
ruft Lotta und hüpft vor Freude
ein paar Mal in die Luft.

JUCHU JUCHU

„Schon gut, schon gut",
brummt Herr Huber.
„Schön, dass du dich so freust.
Heute kommt der Tierarzt
noch hierher.
Er soll Knuffel gleich untersuchen.
Danach bringe ich ihn
sofort zum Tierheim."

„Vielen Dank", sagt auch Frau Bauer
und lächelt den Metzger
erleichtert an.
„Das ist wieder einmal
sehr nett von Ihnen."

Knuffel schnaubt und reibt
seine samtige Nase
an Lottas Schulter.

„Er hat bestimmt verstanden,
dass du ihn gerettet hast, Lotta",
meint Frau Bauer und wuschelt
durch Knuffels zottelige Mähne.

Lotta sieht Knuffel
strahlend an und nickt.
„Und jetzt brauchst du auch
nie wieder Angst zu haben.
Frau Bauer und ich
passen auf dich auf.
Wir machen es dir richtig schön."

Da streckt Knuffel ein Bein vor
und macht eine tiefe Verbeugung
mit dem Kopf.

Lotta, Frau Bauer
und Herr Huber lachen.
„Knuffel wird uns bestimmt noch oft
mit Zirkuslektionen überraschen",
meint Frau Bauer und legt ihre Hand
auf Lottas Schulter.
„Aber nach diesen Aufregungen
bringe ich dich erst einmal
nach Hause. Am Nachmittag
kannst du dann helfen,
im Tierheim den Stall
für Knuffel vorzubereiten."

HERZLICH
WILLKOMMEN
KNUFFEL

„Au ja!" Selig schlingt Lotta
noch einmal die Arme
um Knuffels Hals.
Eine glücklichere Lotta
gibt es in diesem Moment wohl
nirgends auf der ganzen Welt.

Und Knuffel?
Der ist bestimmt
der glücklichste Knuffel
auf der ganzen Welt!
Lotta reibt sein Bein
täglich mit einer Salbe ein.
Und schon bald galoppiert er
wieder übermütig herum.

Knuffel bringt Lotta
mit seinem Zirkus-Schabernack
ganz schön oft zum Lachen.
Und weil Lotta sich immer um
Knuffel kümmert,
werden die beiden dicke Freunde
und freuen sich auf viele Abenteuer!

Ein Pony für Lotta

Knuffel steckt voller Überraschungen

„Bist du fertig, Lotta?"
Frau Bauer, die Leiterin
vom Tierheim „Grüne Heide",
guckt in den kleinen Stall.
„Es regnet gleich
und wir müssen Knuffel hereinholen!"

„Sofort!", ruft Lotta und hängt
schnell das Heunetz auf.
Gerade hat sie
Knuffels Box ausgemistet.

Vor ein paar Tagen erst
hat sie das kleine Zirkuspony
vor dem Schlachter gerettet.

Lotta legt noch einen Apfel
in die Futterkrippe.
Dann geht sie gemeinsam
mit Frau Bauer zur Weide.

„Knuffel!, Knuffel, komm!", ruft Lotta.
Sie klettert unter dem Zaun durch.

Das dunkelgraue Pony wiehert
und trabt sofort zu Lotta herüber.
Zutraulich reibt es seinen Kopf
an Lottas Ärmel.

„Bestimmt vermisst Knuffel
seine Freunde aus dem Zirkus",
überlegt Lotta. „Können wir
nicht noch mehr Ponys holen?"

Frau Bauer lacht und
klinkt das Führseil
in Knuffels rotes Halfter.
„Nein Lotta, das geht leider nicht.
Wir wollen doch, dass die Tiere
wieder ein Zuhause finden."

Sie gibt Lotta das Führseil.

„Ich weiß schon", sagt Lotta.

„Aber am liebsten möchte ich,
dass Knuffel immer hierbleibt.
Komm, Knuffel!" Lotta will losgehen
– da knickt Knuffel plötzlich
mit den Vorderbeinen ein
und kniet sich hin.

„Was macht er denn jetzt?",
ruft Lotta erschrocken.

Frau Bauer ist genauso überrascht.
„Ich weiß es nicht.
Aber zieh mal am Strick.
Vielleicht steht er dann wieder auf."

Vorsichtig zieht Lotta an dem Seil.
Aber Knuffel bewegt sich nicht.
Im Gegenteil: Er legt sich
sogar ganz hin!

Auf einmal prustet Lotta los.
„Ich bin gleich wieder da!", ruft sie
und saust zum Haus zurück.

Nach kurzer Zeit ist sie
mit einem Wecker in der Hand
wieder da.
Lotta lässt ihn klingeln
und sofort steht Knuffel auf.
Er schüttelt sich kräftig
und gähnt herzhaft.

„Wie kommst du denn auf die Idee,
es mit einem Wecker
zu versuchen?",
fragt Frau Bauer verdattert.

„Ganz einfach", grinst Lotta.
„Als ich ihn im Zirkus gesehen habe,
hat er sich auch hingelegt.
Und sogar zugedeckt!
Dann kam der Clown
mit dem Wecker
und sofort ist Knuffel aufgestanden."

Frau Bauer lacht und wuschelt
durch Knuffels Mähne.
„Wer weiß, was der kleine Witzbold
noch alles kann!"

Was wird aus Knuffel?

„Ich habe heute eine Anzeige
in die Zeitung gesetzt",
sagt Frau Bauer
ein paar Tage später.
„Es wird Zeit, dass unser Knuffel
wieder ein richtiges Zuhause findet."

Pony zu verkaufen
5 Jahre alt
Bitte im Tierheim bei
Frau Bauer melden.

Lotta starrt Frau Bauer
erschrocken an.
„Aber … ich … ich dachte …",
stottert sie, „dass er hierbleibt."

Frau Bauer schüttelt den Kopf.
„Nein, Lotta, das geht nicht.
Knuffel braucht jemanden,
der ihn richtig fördert.
In dem kleinen Kerl
steckt eine ganze Menge."

Beim Abendbrot stochert Lotta
niedergeschlagen in ihren Nudeln.
„Was ist denn los?",
fragt ihre Mutter besorgt.
„Bist du krank?"

„Knuffel soll verkauft werden",
sagt Lotta traurig.

Aber plötzlich hat sie eine Idee!
„Ich habe doch bald Geburtstag!",
ruft sie mit leuchtenden Augen.
„Und wenn Oma, Tante Nora,
Onkel Thomas und du und Papa
mir etwas dazugebt, dann …"

„Aber Lotta …", sagt ihre Mutter.
„Ein Pony bezahlt man doch
nicht nur einmal.
Es kostet täglich Geld.
Denn es braucht einen Stall,
Futter und Pflege.
Und manchmal auch einen Tierarzt.
Und das ist alles sehr teuer."

Drei Tage später striegelt Lotta
Knuffel im Hof.

Frau Bauer biegt mit einer Frau
und einem Mädchen um die Ecke.
„Hallo Lotta!
Das sind Frau Beckmann und Julia.
Sie kommen wegen Knuffel."

„Hallo", sagt Lotta nur
und bürstet einfach weiter.

„Willst du uns nicht ein wenig
über Knuffel erzählen?",
fragt Frau Bauer.

Lotta presst die Lippen aufeinander
und schüttelt den Kopf.

Frau Bauer seufzt.

„Na gut, dann erzähle ich", sagt sie.

„Knuffel ist aus dem Zirkus
und vielleicht fünf Jahre alt.
Als wir ihn geholt haben,
war sein Bein verletzt.
Jetzt ist Knuffel wieder
gesund und munter.
Nur geritten werden
darf er noch nicht."

„Aber ich will sofort reiten!",
ruft Julia enttäuscht.

„Ich finde sowieso, dass er nicht
das richtige Pony für dich ist",
sagt Julias Mutter.
„Er ist viel zu klein."

Frau Bauer zuckt mit den Schultern.
Als die drei wieder weggehen,
atmet Lotta auf.
Aber schon kurz danach
kommt Frau Bauer
mit einem jungen Mann wieder.

„Lotta, das ist Klaus Lehmann.
Er hat gerade eine Reitschule
hier in der Nähe aufgemacht.
Und er sucht noch ein Pony."

Der junge Mann lächelt Lotta an.
„Frau Bauer hat mir erzählt,
dass du Knuffel am liebsten
gar nicht hergeben würdest."

Lotta nickt nur.
Sie beißt die Lippen
noch fester aufeinander,
damit sie nicht losheult.

Herr Lehmann und Frau Bauer
werden sich schnell einig.
Schon am nächsten Tag soll Knuffel
in die Reitschule umziehen.
Dann gehen die beiden wieder weg.

Jetzt kann Lotta die Tränen
nicht mehr zurückhalten.
Sie drückt ihr Gesicht in Knuffels Fell
und weint heftig.

Lottas schönster Geburtstag

„Zum Geburtstag viel Glück,
zum Geburtstag viel Glück …",
singen Lottas Eltern.
Sie tragen einen Schokoladenkuchen
mit sieben Kerzen in Lottas Zimmer.

Lottas Mutter stellt den Kuchen
auf den Nachttisch.
Ihr Vater gibt ihr einen
rosa Briefumschlag mit roter Schleife.

„Danke", sagt Lotta und reibt sich
verschlafen die Augen.

„Die Kerzen musst du ausblasen
und dir ganz fest etwas wünschen",
sagt Lottas Mutter.
Aber Lotta pustet nicht.

„Nanu?", wundert sich ihr Vater.
„Wünschst du dir denn nichts?"
„Doch. Aber das geht
sowieso nicht in Erfüllung",
sagt Lotta leise.

„Woher weißt du das denn
so genau?",
will Lottas Mutter wissen.

„Ach … ich wünsche mir,
dass ich Knuffel behalten darf.
Oder dass er wenigstens
im Tierheim bleibt."

Lottas Vater streichelt ihr
über den Kopf.
„Aber willst du denn
nicht wenigstens
in den Umschlag gucken?"
Lotta öffnet das Kuvert und holt
eine schöne Pferde-Karte heraus.

„10 Reitstunden für unsere Lotta",
liest sie laut vor.
„Super!", ruft Lotta
und strahlt jetzt doch.
„Und wann kriege ich die erste?"

„Natürlich heute, an deinem
Geburtstag", sagt Lottas Mutter.
„Aber nun blas doch trotzdem
die Kerzen aus.
Und es schadet bestimmt nicht,
wenn du dir dabei etwas wünschst."

„Das ist der Mann,
der Knuffel gekauft hat!“,
ruft Lotta überrascht,
als sie später mit ihren Eltern
im Hof der Reitschule ankommt.

74

„Dann ist Knuffel ja auch hier!"
Lottas Eltern nicken lächelnd.
„Herzlichen Glückwunsch
zum Geburtstag, Lotta!",
ruft Klaus Lehmann ihr entgegen.
„Soll ich dir gleich zeigen,
wo Knuffel steht?"

„Au ja!", sagt Lotta begeistert
und folgt dem Reitlehrer
mit ihren Eltern
in ein großes Stallgebäude.
Gleich hinter dem großen Tor
streckt ein dunkelgraues Pony
neugierig seinen Kopf
in die Stallgasse.

„Knuffel!", ruft Lotta
und das Pony wiehert fröhlich.
Lotta will sofort in seine Box gehen,
aber ihre Mutter hält sie fest.

„Hast du denn schon gelesen,
was auf der Tür steht?", fragt sie.
Lotta sieht sie erstaunt an.
„Nein, wieso?"
„Weil es wichtig ist",
grinst Klaus Lehmann.

Lotta tritt einen Schritt zurück
und sieht auf das Schild.
Dann reißt sie die Augen auf.
„Aber da steht ja …: Knuffel!
Hobbys: Zirkus-Kunststücke.
Besitzerin: Lotta Weber.
Das bin ja ich!"

„Das bist du, allerdings",
sagt ihr Vater.
„Frau Bauer fand,
dass man Knuffel und dich
nicht auseinanderreißen darf.
Und dann hat sie mit uns und
Herrn Lehmann gesprochen."

„Und ich habe deinen Eltern
einen günstigen Preis für die Box
und das Futter gemacht",
sagt Klaus Lehmann.
„Du musst Knuffel aber selbst putzen
und ab und zu den Stall ausmisten."

„Und wie ich das mache! Danke!"
Stürmisch umarmt Lotta ihre Eltern
und auch Klaus Lehmann.

Dann schlingt sie die Arme
um Knuffels Hals.

„Soll ich dir was sagen?",
flüstert sie überglücklich und
Knuffel spitzt neugierig die Ohren.
„Geburtstagskerzen-
Auspustewünsche
gehen wirklich in Erfüllung!"

Lotta geht zur Reitstunde

Darf Lotta Knuffel reiten?

„Welche Haustiere fressen
gern Äpfel? Lotta!"

Lotta zuckt zusammen.
Ihre Lehrerin Frau Bär
sieht sie aufmerksam an.
„Knuffel!", sagt Lotta hastig.
Die Kinder in Lottas Klasse lachen.

„Knuffel?", fragt Frau Bär.
„Wir reden doch gerade
über Hamster und Zwerghasen."

Lotta wird rot. „Äh, die meine ich ja."
In dem Moment klingelt es.
Die Sachkundestunde ist zu Ende.

Erleichtert springt Lotta auf
und will in die Pause flitzen.
Aber Frau Bär hält sie
am Arm zurück.
„Wo bist du nur
mit deinen Gedanken, Lotta?"

„Ach … morgen habe ich
doch meine erste Reitstunde",
sagt Lotta leise.
„Aber vielleicht darf ich
mein Pony nicht reiten."

„Warum denn nicht?",
fragt Frau Bär verwundert.

„Ich habe Knuffel
erst zwei Wochen", sagt Lotta.
„Und weil er verletzt war,
durfte er nicht geritten werden.
Jetzt will Klaus, der Reitlehrer,
erst sehen, wie brav er ist.
Aber ich möchte auf keinem
anderen Pony Reiten lernen ..."
Lotta schluchzt.

„Weißt du, was?", Frau Bär lächelt.
„Erzähl uns doch
in der nächsten Stunde,
was dein Knuffel noch gern frisst –
außer Äpfeln."

Lottas Augen leuchten.
„Au ja, das mache ich!"

Nach den Hausaufgaben
saust Lotta zum Reitstall
und rennt sofort in die Halle.
Klaus steht in der Mitte der Bahn.
Seine Tochter Lena
galoppiert mit Knuffel
um ihn herum.

„Der geht sogar ohne Sattel
echt cool!", ruft Lena
und zügelt Knuffel.

„Toll! Dann kann ich ihn
ja morgen reiten!"
Glücklich läuft Lotta in die Bahn.

„Nein, Papa", sagt Lena,
„eine Anfängerin würde ich
nicht auf ihn lassen."

„Ohhh!" Lotta schluckt schwer.
Ihre Freude ist wie weggefegt.

Klaus legt die Hand
auf Lottas Schulter.
„Lena hat recht.
Bei einem Zirkuspony wie Knuffel
muss man immer
auf Überraschungen gefasst sein.
Wenn Lena ihn jetzt aber viel bewegt,
kannst du ihn sicher auch bald reiten."
Klaus geht zu zwei Kindern weiter,
die mit Ponys in die Bahn kommen.

„Morgen reite ich Knuffel mit Sattel",
sagt Lena und sitzt ab.
„Und jetzt kannst du ihn
in den Stall bringen."
Sie sieht Lotta ein wenig spöttisch an.
„Oder kannst du das noch nicht?"

„Und ob ich das kann!",
ruft Lotta verärgert.
„Im Tierheim habe ich mich
ganz allein um Knuffel gekümmert!"
Lena hebt nur die Augenbrauen
und schlendert aus der Halle.

„Blöde Kuh!", schimpft Lotta und
stampft so heftig mit dem Fuß auf,
dass Knuffel sie ganz verwundert
ansieht.

So ein Frechdachs!

Am nächsten Tag kommt Lotta
in ihren alten Jeans,
roten Gummistiefeln
und mit Reitkappe in den Stall.

Knuffel steht mit Zaumzeug
vor seiner Box
und wiehert ihr entgegen.
„Hallo, süßer Knuffel",
sagt Lotta und gibt ihm
einen Apfel.

„Wenn Pferde das Gebiss
im Maul haben,
füttert man nicht mehr!",
ruft plötzlich jemand hinter ihr.

Lotta fährt herum.
Mit Knuffels Sattel über dem Arm
kommt Lena die Stallgasse entlang.

Lena legt den Sattel weit vorn
auf Knuffels Rücken
und schiebt ihn ein wenig zurück.
„Das macht man, damit das Fell
darunter richtig liegt", erklärt sie.

Lotta presst die Lippen aufeinander.
Muss die immer
alles besser wissen?

Plötzlich dreht Knuffel den Kopf,
packt mit dem Maul den Sattel
und zieht ihn herunter.
„He, du Frechdachs!", ruft Lena.
Sie hievt den Sattel wieder
auf Knuffels Rücken. Aber Knuffel
schmeißt ihn erneut herunter.

Lotta prustet los,
aber Lena findet das gar nicht lustig.
„Hör auf zu spinnen",
knurrt sie Knuffel an und hebt
den Sattel zum dritten Mal auf.

„Knuffel spinnt nicht,
du kannst ihn nur
nicht richtig satteln!", ruft Lotta.

„Wie bitte? Ich soll nicht
satteln können?",
fragt Lena ungläubig.

„Ja!" Entschlossen nimmt Lotta
Lena den Sattel ab.
„Ich kann zwar nicht reiten", sagt sie,
„aber ich kenne Knuffel
eben doch viel besser als du.
Und in einer Vorstellung im Zirkus
hat er genau das Gleiche gemacht.
Bis der Clown sich von der
anderen Seite herangeschlichen hat."

Lotta geht um Knuffel herum
und legt den Sattel genauso auf,
wie der Clown es gemacht hat.
Knuffel wackelt nur mit den Ohren,
bleibt aber ganz ruhig stehen.

„Geschafft!", jubelt Lotta
und schnallt den Gurt fest.

Stolz spaziert sie
mit Knuffel am Zügel
an einer völlig
verdatterten Lena
vorbei in die Halle.

„Und wen reite ich?"
Ratlos schaut sich Lotta
in der Reithalle um.
Außer ihr, Knuffel und Klaus
ist nur noch ihre Mutter da.
Sie sitzt auf der Tribüne
und winkt Lotta zu.

„Den da", sagt Klaus
und zeigt auf Knuffel.
„Ich habe ihn gestern Abend
nochmals longiert.
Knuffel war sehr brav,
und darum können wir es
mit euch beiden versuchen."

„Das ist ja supertoll!"
Überglücklich winkt Lotta
ihrer Mutter zu.

„So Lotta, es geht los!", ruft Klaus
und hakt die Longe
in Knuffels Trense.

„Toi, toi, toi", flüstert Lottas Mutter
und Lotta wird ganz blass
um die Nase.
Plötzlich ist sie sehr aufgeregt.

Ein tolles Team!

„Halt dich hier oben am Sattel fest,
stoß dich mit einem Bein ab
und … hoch!"
Klaus hält Lotta den Steigbügel hin.
Lotta macht es genauso und sitzt –
schwups – im Sattel.

„Scherritt", sagt Klaus und munter
setzt Knuffel sich in Bewegung.
„Die Fußspitzen herunter,
den Rücken gerade
und den Kopf aufrecht halten."

Lotta versucht,
alles richtig zu machen.
Sie kann immer noch nicht glauben,
dass sie nun doch
auf Knuffel Reiten lernt!

„Jetzt stell dich in die Steigbügel
und setz dich beim nächsten Tritt
wieder hin", sagt Klaus.
Lotta macht es
und findet es ganz leicht.

„Ist das alles so einfach?", fragt sie
und sieht stolz
zu ihrer Mutter hinüber.
Lena steht an der Bande
und guckt ebenfalls zu.

Genau in diesem Moment
stolpert Knuffel.
Erschrocken klammert sich Lotta
an Knuffels Mähne fest.
Ob Lena sie auslacht?
Sie späht zu ihr hinüber.
Aber Lena verzieht keine Miene.

„Halt dich gut fest, Lotta,
jetzt wird es schneller. Terrrab!",
ruft Klaus.
Knuffel schnaubt fröhlich
und trabt an.
Im ersten Moment kriegt Lotta
wieder einen riesigen Schreck –
so wie sie hin und her
geschüttelt wird.

„Aufstehen und hinsetzen!
Aufstehen und hinsetzen",
ruft Klaus.
Das ist jetzt schon viel schwieriger
und Lotta muss sich
sehr konzentrieren.
Aber nach drei Runden
hat sie den Bogen raus.

„Galoppieren wir jetzt?", fragt Lotta
mit hochrotem Kopf,
als Knuffel wieder Schritt geht.

„Galopp ist eigentlich erst
viel später dran", schmunzelt Klaus.
„Och, bitte", bettelt Lotta.
„Gut. Dann halt dich wieder
am Sattel fest. Und Galopp, Knuffel!"

„Huch", ruft Lotta, als Knuffel
den ersten Sprung macht.
Schon nach ein paar Sekunden
möchte sie gar nicht mehr
mit dem Galoppieren aufhören.
So schön fühlt sich Knuffels
schwungvolle Bewegung an.

Da ruft Klaus schon wieder
„Scherritt!"
Knuffel bremst sofort
und Lotta rutscht schwungvoll
auf seinen Hals.
Aber flugs setzt sie sich
wieder im Sattel zurecht.

„Herzlichen Glückwunsch,
Lotta und Knuffel", sagt Klaus.
„Das habt ihr beide
wirklich prima gemacht.
Sind die zwei nicht
ein tolles Team, Lena?"

Lena nickt nur,
während Lottas Mutter
begeistert Beifall klatscht.
Lotta strahlt über das ganze Gesicht.

Da streckt Knuffel ein Bein vor
und verbeugt sich.
„Knuffel ist und bleibt
ein richtiges Zirkuspony",
grinst Klaus. „Aber jetzt
führ ihn trocken.
Sein Fell ist feucht
und er soll sich nicht erkälten."

Als Lotta mit Knuffel in den Hof geht,
kommt ihr Lena entgegen.

„Du lernst bestimmt schnell Reiten",
sagt sie. „Und eine Reithose
kannst du auch haben.
Meine ist mir zu klein geworden.
Aber dir könnte sie passen."

Lotta sieht Lena ungläubig an.
„Ja, ich weiß schon", sagt Lena
und sieht auf den Boden.
„Papa sagt auch, dass ich
manchmal echt doof
zu neuen Kindern bin.
Dabei mag ich dich total.
Freundinnen?"
Lena streckt Lotta
die Hand entgegen.

Lotta zögert.
Aber da pufft Knuffel
sie kräftig gegen den Arm.
Lotta grinst.
„Okay, Freundinnen", sagt sie
und schlägt ein.
Knuffel schnaubt zufrieden.

„Danke, Knuffel", sagt Lena erleichtert
und Lotta schlingt die Arme
um seinen Hals.
„Ja, danke, Knuffel. Du bist wirklich
das allerklügste, allerliebste
und überhaupt das allertollste Pony
auf der ganzen Welt!"

Abenteuer mit Knuffel

Endlich ausreiten!

Lotta drückt ihre Nase
an die Scheibe.

„Aufhören, aufhören, aufhören",
murmelt sie vor sich hin.
„Davon wird der Regen
nicht weniger", lacht Lottas Vater.

„Du musst deinen ersten Ausritt
wohl verschieben."

„Muss ich nicht", grinst Lotta
und springt von der Küchenbank.

Lottas Vater sieht hinaus.
„Donnerwetter!", ruft er, „es hat
tatsächlich aufgehört zu regnen.
Du bist ja eine Wetterzauberin!"
Lotta lacht und rennt aus der Küche.

„Wer reitet mit?",
fragt Lottas Mutter im Flur.
„Nur Lena", sagt Lotta
und schlüpft
in ihre Reitstiefel.
„Klaus ist nicht dabei?"
Lottas Mutter
ist erschrocken.

„Aber ich reite mit Knuffel doch
schon in der Abteilung, Mama!
Und wenn Lena dabei ist,
passiert sowieso nichts",
sagt Lotta selbstsicher.

Lena ist die Tochter von Lottas
Reitlehrer Klaus und reitet super.
So gut wie sie möchte Lotta
auch einmal werden.

„Grüß Knuffel schön",
ruft Lottas Vater aus der Küche.
„Der Frechdachs
soll sich benehmen!"

„Sag ich ihm!" Lotta steckt
noch zwei Äpfel, aus der Obstschale
in ihre Jacke.
Knuffel liebt Äpfel, und Lotta
bringt ihm immer welche mit.

Lotta flitzt auf dem Fahrrad
zum Reitstall. Manchmal kann sie
immer noch nicht glauben,
dass Knuffel ihr gehört.
Sie hat Knuffel vor dem Schlachter
gerettet und ihre Eltern haben ihr
das Pony später geschenkt.
Jetzt ist Knuffel Lottas Ein und Alles.
Und weil er früher im Zirkus war,
überrascht er sie immer wieder
mit seinen Tricks.

„Ich bin mit Fee fast fertig",
ruft Lena, als Lotta Knuffel
auf den Putzplatz führt.
„Ich beeile mich", sagt Lotta,
gibt Knuffel einen Apfel
und fängt an, ihn zu striegeln.
Knuffel mag es, geputzt zu werden,
und schnaubt wohlig.

„Beim ersten Ausritt soll man
es nicht übertreiben", sagt Klaus,
als Lena und Lotta aufsitzen.
„Galoppiert im Wald
nur ein kurzes Stück."

Lena verdreht die Augen.
„Mensch Papa! Ich pass schon
auf Lotta und Knuffel auf!"

Das höchste Glück der Pferde ...

Knuffel wiehert fröhlich,
als die Mädchen vom Hof reiten.
Auf dem Feldweg macht er
einen kleinen Hüpfer.
„Der freut sich bestimmt riesig,
dass er endlich mit dir
ins Gelände kann", sagt Lena.

Lotta findet das gar nicht so toll.
„In der Bahn hat er sich aber
noch nie so aufgeführt", sagt sie.
Auf ihrem vergnügten Pony
wird ihr plötzlich ein wenig mulmig.

„Ach, der regt sich ab,
wenn wir galoppiert sind",
meint Lena.
Aber Lotta beruhigt das nicht.
Im Gegenteil:
Bei dem Gedanken an einen Galopp
muss sie schlucken.
Hoffentlich geht Knuffel nicht durch!

„Komm, wir traben mal", schlägt Lena
im Wald auf einem Sandweg vor.

„Okay." Lotta klopft Knuffel
leicht in die Flanken.
Die Ponys traben munter an
und das nasse Laub raschelt
unter ihren Hufen.

Jetzt fühlt Lotta sich
wieder richtig wohl.
„Ausreiten ist toll!", ruft sie begeistert.
„Ich mache es auch
am allerliebsten", stimmt Lena zu.
„Dann gehen wir einfach ganz oft
ins Gelände", sagt Lotta fröhlich.

Nach ein paar Minuten kommen sie
an einen breiten Waldweg.
„Und hier galoppieren wir!", ruft Lena.
„Aber bleib hinter mir, ja?
Fee mag es nicht, wenn sie
überholt wird."

Lottas Herz schlägt auf einmal
bis zum Hals.
Was, wenn sie Knuffel
nun nicht halten kann?

„Und Galopp!", ruft Lena.
Knuffel springt sofort an
und seine Mähne wippt
lustig auf und ab.
Lotta zieht leicht am Zügel.
Knuffel wird tatsächlich langsamer.
Erleichtert atmet Lotta auf.

Lena dreht sich zu Lotta um.
„Genial, oder?", ruft sie.
Lotta kann nicht antworten – so sehr
pfeift ihr der Wind um die Ohren.
Doch sie findet es großartig!
Und wie lieb Knuffel ist!

Aber plötzlich bremst Knuffel
mitten im Galopp ab
und bleibt ruckartig stehen.
Lotta kann sich gerade noch
auf seinem Rücken halten.
Nur Lena fliegt im hohen Bogen
aus dem Sattel. Denn weil Knuffel
nicht mehr weiterläuft,
stoppt Fee einfach auch.

Lotta springt von Knuffel
und läuft zu Lena.
„Hast du dir wehgetan?",
fragt sie besorgt.

„Nee, geht schon." Lena klopft sich
ihren Po ab, während Fee
sie verwundert ansieht.
„Jaja, ich weiß schon", brummt Lena
und streichelt ihr Pony,
„das höchste Glück der Pferde
ist sein Reiter auf der Erde.
Aber was war eigentlich los?"

Knuffel, der Retter!

Lotta zuckt mit den Schultern
und sitzt wieder auf.
„Ich weiß es nicht", sagt sie
und tickt Knuffel leicht
mit den Fersen in die Flanken.
Doch Knuffel macht
keinen Schritt vorwärts.
„Komm, Knuffel, weiter!"
Lotta klopft ein wenig fester.
Aber Knuffel wackelt nur
mit den Ohren und denkt
gar nicht daran, sich zu bewegen.

„Lass mich mal", sagt Lena.
Lotta springt aus dem Sattel
und Lena sitzt auf.
„Los, Knuffel, vorwärts!"
Entschlossen treibt Lena Knuffel an.
Doch Knuffel stemmt die Beine
nur noch fester in den Boden.

„Wenn nicht mal du ihn
zum Gehen bringst, was machen
wir denn dann?", fragt Lotta ratlos.
Da pufft Knuffel mit dem Maul
gegen Lottas Rücken und schubst sie
bis an den Rand der Sträucher.

„Also echt, Lotta", sagt Lena sauer,
„Knuffel kann doch nicht
dauernd machen, was ihm
in den Kopf kommt!
Und herumschieben lassen
darfst du dich von ihm
schon gar nicht. Wenn er
mein Pony wäre, dann würde ich
ihm mal ordentlich ..."

„Knuffel wird schon wissen,
wa… pssst!"
Lotta legt den Finger auf die Lippen.
Aus dem Gebüsch
fiept es ganz leise.
Vorsichtig biegt sie
die Zweige auseinander.
„Da sind zwei kleine Hunde!",
ruft Lotta aufgeregt.

„Hunde?" Lena beugt sich
über Lottas Schulter.
Tatsächlich: Zwei kleine
braune Welpen liegen auf dem Boden
und winseln kläglich.

„Die hat bestimmt jemand
ausgesetzt", sagt Lotta
und hebt die Welpen hoch.
„Wir bringen sie zu Frau Bauer
ins Tierheim. Nimm du den anderen."

„Ich?", ruft Lena entsetzt.
„Niemals! Ich … ich … habe Angst
vor Hunden!"

Lotta reißt die Augen auf.
„Du hast Angst vor Hunden?
Aber die tun dir doch nichts!"

„Woher willst du das wissen",
sagt Lena kleinlaut.
„Mich hat schon mal
einer gebissen …"

„Also die hier beißen
bestimmt nicht",
beruhigt Lotta sie.
„Hier, streichel mal einen!"
„Nee, wirklich nicht!"
Erschrocken weicht Lena zurück.

Da streckt Knuffel seinen Hals vor
und schnuppert vorsichtig
an einem der kleinen Hunde.
Sofort hört der Hund auf zu fie-
pen und leckt über Knuffels Maul.
Knuffel schnaubt leise
und die Mädchen kichern.

„Siehst du", sagt Lotta,
„die tun wirklich nichts."
Lena seufzt. „Na gut.
Wenn sogar Knuffel sich traut …"
Zögernd nimmt sie einen Welpen
auf den Arm
und wird sofort abgeschleckt.
„Bah!", sagt Lena und wischt sich
über die Wange.
Lotta lacht und steigt
mit ihrem Hund auf Knuffel.

Den Rückweg reiten sie
im gemütlichen Schritt.
„Schläft deiner auch?", fragt Lotta
und sieht zu Lena hinüber.
„Ja, tief und fest.
Irgendwie ist der echt süß",
murmelt Lena und Lotta grinst.

„Schau mal, was wir im Wald
gefunden haben!",
ruft Lotta Klaus entgegen,
als sie im Reithof
von den Ponys springen.

„Na, das geht ja gut los
mit den Ausritten", schmunzelt Klaus.
Nachdenklich streichelt er
über das Köpfchen des Welpen.
„Hm, eigentlich könnten wir hier
einen Hund gut gebrauchen.
Aber leider mag Lena ja keine."

„Doch Papa", sagt Lena schnell
und zieht ihren Hund
aus dem Anorak.
„Wir behalten beide, ja?"

„Ihr habt zwei gefunden?"
Klaus sieht Lena verdutzt an.
Lena nickt stolz.
„Aber das sind kleine Schäferhunde",
meint Klaus, „die werden sehr groß!"

„Na und?" Zärtlich streichelt Lena
ihrem Welpen über das Fell.

Lotta strahlt.
„Super, dann müssen sie
gar nicht ins Tierheim!"
„Und heißen natürlich
Lotta und Lena", grinst Klaus.
„Quatsch, das sind doch Rüden",
sagt Lotta vorwurfsvoll.

„Ich finde Maxi und Leo gut",
schlägt Lena vor.
„Dass meine Tochter
plötzlich Hunde mag …"
Klaus schüttelt ungläubig den Kopf.
„Das ist allein Lottas Schuld",
grinst Lena.

„Nee, ganz allein seine!"
Lotta schlingt die Arme
um Knuffels Hals.
„Und entschuldige bitte,
lieber Knuffel, dass ich
nicht kapiert habe,
warum du stehen geblieben bist.
Ich wusste ja nicht,
dass du auch das tollste
Welpen-Spür-Pony der Welt bist!"

ZAUBER
Kätzchen

Noch mehr zauberhafte Geschichten!

ISBN 978-3-8458-0330-2

ISBN 978-3-8458-0331-9

ISBN 978-3-8458-0332-6

ISBN 978-3-8458-0333-3

ISBN 978-3-8458-0605-1

ISBN 978-3-8458-0606-8

Auch zu bestellen unter www.arsedition.de

ZAUBER
Kätzchen

Noch mehr zauberhafte Geschichten!

ISBN 978-3-8458-0910-6

ISBN 978-3-8458-0911-3

ISBN 978-3-8458-1167-3

ISBN 978-3-8458-1168-0

ISBN 978-3-8458-1531-2

ISBN 978-3-8458-1532-9

Auch zu bestellen unter www.arsedition.de

Magie auf vier Pfoten!

Sturm ist kein gewöhnlicher Hundewelpe ...

... sondern eigentlich ein mächtiger Wolf. Mit funkelndem Fell, zauberhaften Pfoten und magischen Kräften wirbelt er das Leben von Lily, Betty, Jessica und Tessa ganz schön durcheinander.

Nicht selten hilft Sturm den Mädchen mit einem Zauber aus der Patsche – wenn er damit nicht gerade ein neues Chaos anrichtet!

Auf magischen
Pfoten

ISBN 978-3-8458-1308-0

ISBN 978-3-8458-1309-7

ISBN 978-3-8458-1310-3

ISBN 978-3-8458-1311-0

ISBN 978-3-8458-1894-8

ISBN 978-3-8458-1895-5

Auch zu bestellen unter www.arsedition.de

arsEdition
... bringt Freude